PABLO GARCÍA LÓPEZ-TELLO

CRITERIOS DE SELECCIÓN DE MÉTODOS DE SOLDADURA

Junto con acceso a aplicación web

Pablo García López-Tello

A mi mujer, por alentarme a ser un poco mejor cada día.

Sobre el autor

Profesional de la soldadura con una dilatada experiencia. Ha trabajado en empresas de calderería pesada, en montajes de tuberías para instalaciones industriales, de climatización, abastecimiento de agua, gas, etc.

En la actualidad desarrolla su actividad en otra de sus pasiones; la enseñanza de oficios; en certificados de profesionalidad, formación a empresas y ciclos de formación profesional y educación a distancia, entre otras.

A su vez, está formado como Ingeniero de Organización industrial, y otras formaciones diversas en un amplio espectro de temas como la climatización, la instalación de gases combustibles, electricidad y por supuesto en la docencia.

Si quieres saber más, puedes visitar su perfil en redes.

ÍNDICE

—

RESUMEN

Este manual se enfoca en la técnica y tecnología de la soldadura. Su objetivo es servir como guía de consulta para aquellos interesados en este campo, facilitando la comprensión de los aspectos técnicos involucrados en los procesos metalúrgicos de la unión de materiales por fusión.

Dada la amplia gama de metodologías, técnicas y materiales en el ámbito de la soldadura, este documento se centra exclusivamente en los materiales férricos y los siguientes métodos de soldadura:

SMAW: soldadura con electrodo revestido.
TIG: soldadura con electrodo no consumible y gas inerte de protección.
MIG-MAG: soldadura con hilo continuo y gas de protección inerte o activo.
FCAW: soldadura con hilo tubular con atmósfera de protección incorporada.

A su vez, este texto sirve como base para la aplicación web diseñada exprofeso para facilitar la comprensión de los conceptos presentados, hacer el proceso más interactivo y, principalmente, facilitar la selección de materiales, soldaduras y consumibles adecuados para la obtención de resultados óptimos.

INTRODUCCIÓN

En el ámbito de la ingeniería, la soldadura tiene un papel crucial en gran variedad de procesos y aplicaciones. Sin embargo, dada la amplitud y complejidad de técnicas, aplicaciones y materiales disponibles, la elección del proceso adecuado supone un desafío considerable.

En este manual se aborda el desafío mencionado, desde dos perspectivas. Por un lado, la parte práctica, basada en la propia experiencia profesional en el oficio del autor; ya sea desde sus vivencias profesionales como soldador o desde la enseñanza profesional de la misma en ciclos formativos de formación profesional.

Ambas perspectivas confluyen para ofrecer una visión amplia y fundamentada, con el objetivo de servir de documento guía para todos aquellos interesados en la soldadura, ya sean estudiantes, ingenieros, arquitectos, profesionales experimentados en este sector o incluso profanos que únicamente tengan curiosidad en este apasionante sector.

Este documento no se limita al estudio teórico y pasivo de la técnica, más bien, ofrece una aplicación web interactiva y conectada con el propio manual para ayudar a los usuarios a seleccionar los materiales, técnicas y soldaduras más adecuadas para sus necesidades.

De esta forma, este documento y la aplicación web funcionan de forma conjunta, posibilitando que el estudio de esta técnica se haga con una perspectiva participativa.

Los fundamentos que impulsan la elaboración de este manual radican en la escasez de documentación actualizada y completa en lengua española sobre la soldadura. Esta escasez representa un reto significativo para los interesados en estos procesos, los cuales requieren información precisa, útil y verificada.

En respuesta a esta necesidad, se ha realizado una profunda y extensa búsqueda de información en diversos repositorios, constatando en múltiples ocasiones que los recursos más actualizados y confiables provienen directamente de los fabricantes de materiales metalúrgicos y de materiales de soldadura.

Esta dificultad de acceso al conocimiento refuerza en sí misma la necesidad de elaboración de este trabajo, que se propone sintetizar y facilitar la información más relevante y precisa sobre este tema para facilitar el acceso y utilidad de esta.

Por lo tanto, una parte fundamental de este trabajo ha consistido en verificar, contrastar y sintetizar la información obtenida. El objetivo principal consiste en proporcionar un punto de acceso único y fiable a dicha información, concentrándola de manera que sea accesible, útil y valiosa para todo aquel que busque conocimientos sobre soldadura.

En resumen, este documento y la aplicación web proporcionan una guía integral y accesible sobre las técnicas de soldadura, los materiales metalúrgicos, las máquinas utilizadas, los materiales de soldadura, técnicas concretas, recomendaciones sobre aspectos tales como regulación de las máquinas, los procesos térmicos antes y después de la soldadura y las razones que influyen para la elección de los materiales y métodos de soldaduras.

A lo largo de este documento, se detallan los aspectos teórico-prácticos de la soldadura, con exclusividad, por razones de espacio, en los métodos SMAW, TIG, MIG-MAG y FCAW aplicados a elementos férricos.

Cada capítulo profundiza en la comprensión de las técnicas de soldadura, conectando la información plasmada en el documento con la aportada en la aplicación web, dotando de un recurso interactivo, que facilita la comprensión y permite la accesibilidad desde cualquier lugar.

Esperando que este documento y la aplicación web surtan de conocimiento a quienes desean profundizar en este campo del conocimiento, la gratitud del autor vaya por delante para todo aquel que se interese por este manual.

CAPÍTULO 1

Historia de la soldadura

La historia de la soldadura se remonta a varios milenios y su evolución se ha desarrollado de forma prácticamente simultánea con la metalurgia y la ingeniería.

En un contexto histórico, podemos encontrar la siguiente cronología relacionada con la soldadura según las siguientes fuentes (1-9):

Edad de Bronce (2300 a.C – 800 a.C en Europa): Primeras evidencias de unión de metales mediante calentamiento y martillado.

Antiguo Egipto (2000 a.C): Se realizaban procesos rudimentarios de soldadura para fabricar herramientas y joyas.

Edad media: De forma simultánea con las guerras y la agricultura, se desarrolla la metalurgia para la fabricación de armas y útiles de agricultura, mediante la soldadura de forja.

Primera Revolución Industrial (Siglo XIX): Sir Humphry Davy descubrió el arco eléctrico, lo que llevó al desarrollo de la soldadura por arco mediante electrodo revestido a finales del siglo por el inventor sueco Oskar Kjellberg, fundador de la famosa empresa de soldadura ESAB.

Siglo XX: Durante las dos guerras mundiales, la demanda de producción masiva de armas y vehículos llevó dio lugar a innovaciones en las técnicas de soldadura. Algunas de las técnicas procedentes de este periodo son TIG y MIG-MAG.

Finales del siglo XX y principios del siglo XXI: Se introducen avances técnicos que posibilitan las soldaduras por tecnología láser y por fricción.

—

CAPÍTULO 2

Motivaciones para la utilización de soldaduras

La soldadura es una técnica de unión de materiales que responde a necesidades concretas en la sociedad y en la industria, en este documento únicamente se tratan las soldaduras de materiales metálicos, aunque hay soldaduras que se pueden realizar en otros materiales, por ejemplo: plásticos. Las motivaciones que responden a su desarrollo son diversas, algunas de las más importantes pertenecen a las categorías:

Unión permanente de materiales. A diferencia de otros métodos de unión de carácter mecánico, como los tornillos o remaches, la soldadura ofrece un método de unión que no se ve afectado tan directamente por los movimientos y vibraciones.

Economía. La soldadura ofrece uniones más duraderas que las uniones mecánicas, por lo que la durabilidad es mayor y se reducen los costes de mantenimiento.

Versatilidad. La soldadura tiene un campo de aplicación muy extenso, prácticamente cualquier tipo de industria tiene relación directa o indirecta con esta técnica, por otra parte, se pueden realizar soldaduras en cualquier lugar, incluyendo por debajo de la superficie marina o en el espacio.

Desarrollo tecnológico. La industria metalúrgica ha avanzado en la medida en la que la sociedad ha demandado todo tipo de materiales metálicos para satisfacer las demandas crecientes de la sociedad moderna.

Reparación. Los materiales metálicos se utilizan en todos los sectores, por lo que, debido a su naturaleza están sometidos a desgaste, en ocasiones por un uso normal y en otros por estar sometidos a vibraciones, golpes, temperaturas extremas y corrosión, por lo que la soldadura de reparación ofrece una función renovadora de estos elementos.

Automatización. Si bien la soldadura automatizada no es un concepto nuevo, porque lleva muchos años realizándose con éxito en industrias tales como la automovilística, actualmente está experimentando una revolución fuerte y rápida, gracias al avance de la robótica. Es común que las empresas del sector de la soldadura de tamaño pequeño o medio ya utilicen estos sistemas con éxito. (10) (11)

En conclusión, la soldadura es una técnica en constante evolución y profundamente arraigada en la actualidad. Es fascinante tanto desde una perspectiva teórica como práctica, dada su intrínseca naturaleza artesanal. Sirva como prueba la aplicación de la técnica para la soldadura de tuberías y elementos submarinos como la de la imagen:

CAPÍTULO 3

¿Qué es la soldadura? Una introducción

La soldadura de metales es una técnica que permite la unión permanente de materiales, ya sean de igual o distinta composición química. Esta técnica se fundamenta en la aplicación de calor, el cual funde el material base (aquel que se desea soldar) y un material de aporte (según el caso) para mejorar las propiedades mecánicas y rellenar el espacio entre las piezas.

Comúnmente, se entiende la soldadura como el proceso mediante el cual se produce la coalescencia entre dos piezas metálicas, conformando una sola. Esta definición se alinea con la proporcionada por la American *Welding Society (AWS)* (12). Sin embargo, conforme a dicha definición, ciertas uniones que popularmente son categorizadas como soldaduras, en realidad no lo serían. Un claro ejemplo de esto son las uniones realizadas mediante capilaridad.

En las soldaduras por capilaridad, el material base no se funde, únicamente lo hace el material de aporte, distribuyéndose por el fenómeno de la capilaridad por los espacios intersticiales entre las piezas.

Este proceso de unión resulta en una unión robusta, pero sin fundir el metal base. A pesar de esta peculiaridad, teniendo en cuenta la presencia de este tipo de unión en diversas aplicaciones de todo tipo, en el presente documento, las uniones por capilaridad serán consideradas como soldaduras.

Como se mencionó anteriormente, hay soldaduras que requieren material de aporte y otras en las que es posible realizar la unión sin dicho aporte. Generalmente, en el entorno de las normas AWS, las soldaduras sin aporte de material se denominan soldadura "autógena", la cual no debe confundirse con aquella que requiere un soplete alimentado con acetileno y oxígeno, puesto que habitualmente se denomina en España como soldadura autógena también.

La soldadura es una técnica notablemente versátil, que posibilita la unión de todo tipo de metales para diversidad de aplicaciones. Dada esta diversidad, existen múltiples métodos de soldaduras, algunos de ellos muy complejos e industrializados, otros son portables y se pueden utilizar en cualquier lugar, los hay susceptibles de automatizarse y otros que pueden utilizarse en determinadas atmósferas. Por otro lado, los materiales férricos presentan una vasta diversidad, siendo fabricados en múltiples aleaciones para satisfacer las demandas de cada aplicación.

—

Atendiendo a la mencionada diversidad de métodos y materiales, es esencial hacer una adecuada selección del material base, el método de soldadura, el material de aporte y otras consideraciones específicas en función del material base.

Éstas pueden incluir tratamientos térmicos tales como el precalentamiento, temperatura entre pases de soldadura, enfriamiento controlado, revenido, templado, etc.

Por lo tanto, la selección cada elemento del proceso de soldadura debe realizarse con conocimiento para obtener resultados óptimos. A lo largo de este trabajo, se analizan con detalle todos estos conceptos para facilitar una adecuada comprensión y permitir la obtención de los mejores resultados.

Tal y como se ha indicado, por razones de espacio, este documento trabajará exclusivamente en los métodos de soldadura por fusión con arco eléctrico: **SMAW, TIG, MIG-MAG y FCAW**, posponiendo el resto de las soldaduras para posteriores ediciones del presente texto.

CAPÍTULO 4

Métodos de soldadura

La soldadura con fusión mediante arco eléctrico consiste en un conjunto de técnicas en las que se produce la fusión del material base que se pretende unir gracias al aporte calorífico desprendido por un arco eléctrico. En estas técnicas, se consigue la unión mediante la coalescencia de los materiales, utilizando para ello la fusión y posterior solidificación de las zonas de soldadura.

Estos métodos permiten uniones metálicas fuertes y duraderas, lo que ha conseguido que estos tipos de soldaduras sean ampliamente utilizados en diversas industrias hasta la actualidad.

En los siguientes subcapítulos se expondrán con detalle las técnicas de soldadura por arco eléctrico: SMAW, MIG-MAG, TIG, FCAW.

CAPÍTULO 4.1: Soldaduras con arco eléctrico

Las soldaduras por arco eléctrico aprovechan el *Efecto Joule* para conseguir la fusión de los materiales.

El *Efecto Joule* describe como la energía eléctrica se transforma en calor cuando pasa a través de un material con resistencia eléctrica. En este tipo de soldaduras, se produce un arco eléctrico entre el electrodo y la pieza a soldar. Este arco consiste en una descarga eléctrica que produce el calor necesario para fundir el material adecuadamente.

Aunque el aire no es un buen conductor de la electricidad, la elevada intensidad proporcionada por el transformador de la máquina de soldar (grupo de soldadura en lo que sigue), consigue la formación de este arco eléctrico, transformando la energía eléctrica en energía calorífica y fundiendo de esta forma el material que se pretende soldar, junto con el propio electrodo.

Los grupos de soldadura funcionan como transformadores eléctricos, reduciendo el voltaje suministrado por la red aumentan la intensidad de salida.

CAPÍTULO 4.1.1: Soldadura SMAW

Descripción

La soldadura con arco por electrodo revestido es una técnica que utiliza el calor generado al pasar la corriente eléctrica a través de una varilla recubierta, denominada electrodo revestido. Este calor se produce por el Efecto Joule, y a su paso consigue fundir de manera simultánea y progresiva el material base y el propio electrodo.

Para que fluya la corriente a través del electrodo, del grupo de soldadura salen dos bornes, éstos a su vez están conectados en el interior del grupo con las salidas del secundario del transformador del grupo. Los terminales son diferentes, el que sujeta el electrodo se denomina "pinza" y el que sirve para cerrar el circuito, es una mordaza, y se denomina "masa". De esta forma, el electrodo y la masa, junto con las piezas a soldar, cierran el circuito, permitiendo que la corriente fluya.

Los transformadores de los grupos pueden ser de corriente alterna, en lo sucesivo "A.C" o de corriente continua, en lo sucesivo "D.C".

Todos los grupos antiguos eran de corriente A.C, pero actualmente es habitual que sean de D.C. En función del tipo de soldadura. El funcionamiento en D.C es preferible en la soldadura, ya que es más continuo y suave, y algunos electrodos ni tan siquiera funcionan con corriente alterna, por ejemplo: E7018.

La función que tiene el recubrimiento del electrodo es por una parte generar una atmósfera protectora al fundirse para evitar que se contamine la soldadura con los gases del aire, y por otra parte evitar que el electrodo se pegue a los materiales a unir durante el proceso de soldadura.

Para complementar la descripción teórica y ofrecer una perspectiva práctica de la soldadura, se ha incluido un vídeo demostrativo.

<u>Consumibles</u>

Se denominan consumibles a todos aquellos elementos destinados a fundirse durante la soldadura, con el objetivo de aportar material a las piezas a unir. En el método SMAW, los electrodos revestidos son el consumible principal.

Debido a la diversidad de productos férricos y aleaciones disponibles, y teniendo en cuenta que, por lo general, el grupo de soldadura se mantiene constante, es el metal de aporte, que en este tipo de soldadura es el electrodo, el que debe adaptarse a las características específicas del material base.

Además, los electrodos también son diseñados para adecuarse a distintas técnicas y posiciones de soldadura. Por esta razón, existen electrodos especializados en posiciones específicas, como la vertical descendente o para tareas concretas, como realizar pasadas de raíz o pasadas de acabado.

Por todo lo anterior, es muy importante conocer los detalles de cada soldadura concreta, para poder realizar una selección adecuada de los consumibles, para lo cual, se exponen a continuación.

<u>Ventajas</u>

Portabilidad del equipo: Los grupos de soldadura SMAW suelen ser compactos y ligeros. Esto facilita su transporte y uso en multitud de entornos.

Conexión eléctrica: Únicamente requiere una conexión eléctrica estable, que puede ser proporcionada tanto por la red eléctrica como por un generador apto para soldadura.

Independencia del gas de protección: Este método de soldadura no requiere gas protector, ya que la fusión del recubrimiento del electrodo provee dicha atmósfera protectora. Al no necesitar gas de protección, esta soldadura es idónea para trabajar en lugares de difícil acceso y en exteriores, ya que el gas podría dispersarse, comprometiendo la calidad de la soldadura.

<u>Desventajas</u>

Alta especialización: La soldadura con electrodo revestido requiere un elevado nivel de habilidad y experiencia. Dominar la técnica puede requerir años de práctica, lo que lleva a costos elevados de mano de obra.

Conservación de los electrodos: Algunos electrodos tienen afinidad por la humedad, son higroscópicos. El hidrógeno contenido en el agua puede disociarse durante la soldadura y mezclarse con el baño de fusión, lo que resulta en grietas en caliente al enfriarse la soldadura. Para evitar esto, los electrodos deben conservarse y utilizarse en condiciones específicas, incluyendo la utilización de hornos de secado.

Tasa de deposición baja: La velocidad a la que se lleva a cabo la soldadura SMAW es relativamente baja, principalmente debido a la necesidad de sustituir el electrodo en periodos de tiempo bajos.

Emisión de gases: El electrodo revestido cuando se consume emite una gran cantidad de gases. Para evitar la acumulación de atmósferas viciadas y peligrosas para la salud de las personas, es necesario extraer esos humos.

Aplicaciones

La soldadura por electrodo revestido tiene un campo de aplicación muy extenso, prácticamente se utiliza en cualquier tipo de industria.

Debido a esto, únicamente se va a centrar este apartado en aquellos factores diferenciales y que marcan la preferencia de este tipo de soldadura con respecto a otros.

Reparaciones: debido a la alta portabilidad es adecuado para realizar trabajo de reparación con cierta facilidad y limpieza, incluyendo el recubrimiento de superficies desgastadas por trabajo o corrosión.

Industria Offshore: adecuado para la soldadura de plataformas petrolíferas dentro y fuera del agua.

Montajes de estructuras: es uno de los medios preferidos para la soldadura de todo tipo de estructuras debido a la portabilidad y la ausencia de gas de protección.

Soldadura de materiales sucios y oxidados: la soldadura SMAW no es tan sensible a la falta de limpieza como otros tipos de soldadura.

CAPÍTULO 4.1.2: Soldadura MIG-MAG

Descripción general:

La soldadura MIG-MAG utiliza un electrodo continúo formado por un hilo bobinado que es alimentado continuamente a través de una pistola. Junto con este hilo, la pistola también alimenta continuamente un gas de protección, que puede ser inerte o activo, dependiendo principalmente de las características del material base.

En el caso de que el gas sea inerte, como argón o helio, el proceso se denomina MIG (*Metal Inert Gas*). Si se utiliza un gas activo, habitualmente una combinación ce dióxido de carbono con argón, se le conoce como MAG (*Metal Active Gas*). (10) (11,14-16,20,21,23,28-31,34-37,39)

Consumibles y gases de protección:

En el presente documento, se adopta la nomenclatura para consumibles establecida por las normas de la AWS, dada su prevalencia y reconocimiento a nivel internacional (12,15,23).

Los distintos tipos de hilos, así como los gases de protección, se encuentran organizados en función de su aplicación y material base en la aplicación web.

Esta clasificación detallada tiene el objetivo de facilitar el proceso de selección, y de forma indirecta, aligerar el contenido de este documento, facilitando de esta manera la practicidad de uso de ambos.

No obstante, es esencial abordar ciertos criterios específicos sobre los gases para ofrecer una visión global de este tipo de soldadura, los cuales se exponen a continuación, siguiendo los criterios de *Air Liquide* (40).

Gas de protección inerte (MIG):

Argón: Es un gas noble por lo que no reacciona con la soldadura. Al ser más denso que el aire ayuda a desplazar y proteger los contaminantes de la zona de soldadura. El argón es especialmente adecuado para soldar acero inoxidable, aluminio y magnesio.
Helio: Al igual que el argón, se trata de un gas noble, por lo que no reacciona con la soldadura. Tiene una mayor conductividad térmica que el argón, por lo que tiene una mayor transferencia térmica sobre el metal base. Esto resulta en una mayor penetración y velocidad de soldadura.
Este gas es adecuado para la soldadura de acero inoxidable, aluminio y magnesio. El helio es más costoso que el argón, por lo que se suele utilizar en combinación con argón para mejorar la penetración.

Gas de protección activo (MAG):
Dióxido de carbono: Es un gas inerte a temperatura ambiente, pero se disocia a la temperatura de soldadura, reaccionando con ésta. Proporciona una buena penetración.

Elección del tipo de gas:

En la soldadura MIG-MAG generalmente se utilizan gases mezclas. Puede acceder a la selección de los mismos en el siguiente enlace:

Ventajas y desventajas:

Ventajas

Rendimiento: La alimentación de hilo continuo consigue que este tipo de soldadura tenga una tasa de deposición muy elevada.

Limpieza: Esta soldadura no requiere limpieza de la cascarilla como si ocurre con el método SMAW.

Automatización: Esta metodología es fácilmente automatizable.

Facilidad de uso: La curva de aprendizaje no es pronunciada. Es un método relativamente sencillo, y en un tiempo limitado un operario puede especializarse.

Los grupos tienen electrónica que facilita la labor de operarios inexpertos, con programas denominados "sinérgicos", el operario únicamente debe seleccionar unos pocos parámetros y es la máquina la que regula éstos de la manera más adecuada para que el proceso sea sencillo y los resultados óptimos.

Desventajas

Portabilidad: Los grupos de soldadura son pesados, voluminosos y la soldadura requiere gas de protección.

Penetración: Al contrario que otros métodos, la penetración de la soldadura resulta inferior, por tener un aporte térmico menor.

Elevado coste del grupo de soldadura: El coste de la maquinaria es muy superior al método SMAW.

Soldadura en exteriores: Las técnicas de soldadura que utilicen gas protector no se deben utilizar en exteriores para no perder la protección gaseosa, a no ser que se utilicen pantallas y otros elementos de protección.

Aplicaciones:

La sencillez de esta soldadura, junto con su elevada tasa de deposición proyectan esta técnica como uso prioritario para la soldadura de grandes cordones en calderería ligera y pesada, así como pequeñas soldaduras en todo tipo de talleres de cerrajería o fabricación.

Por otra parte, actualmente ha proliferado el uso de sistemas robotizados que permiten el funcionamiento automático de esta soldadura, siendo este sistema el de mayor prevalencia para estas aplicaciones.

En resumen, la facilidad que tiene para realizar soldaduras de muy buena calidad sin requerir una vasta experiencia, junto con el elevado rendimiento y tasa de deposición, convierten este tipo de soldadura en uno de los más utilizados actualmente.

CAPÍTULO 4.1.3: Soldadura TIG

Descripción general:

El método de soldadura **TIG** (*Tungsten Inert Gas*) emplea un electrodo no consumible compuesto principalmente por tungsteno, además de otros elementos que le brindan mayor resistencia y durabilidad.

En el siguiente enlace puede acceder a los distintos tipos de electrodos no consumibles:

Acompañando este proceso, se utiliza un gas inerte para proteger la soldadura de los contaminantes presentes en el aire.

El arco eléctrico que se forma entre el electrodo y el material a soldar es el responsable de fundir el material base y el material de aporte (cuando se utiliza varilla). El electrodo y el gas salen por una suerte de pistola, denominada comúnmente "antorcha".

Este tipo de soldadura tiene la característica de requerir el uso de las dos manos del soldador, cuando éste añade varilla, puesto que una mano manipula la antorcha y la otra se encarga de introducir varilla a demanda del proceso. (21)

Consumibles y gases de protección:

Dada la extensa variedad de materiales férricos disponibles, seleccionar el consumible adecuado para un material base concreto puede resultar una tarea desafiante. Es esencial escoger un material de aporte que sea lo más similar al material base para garantizar una soldadura óptima, aunque en otros casos es preferible optar por materiales diferentes al material base para obtener una estructura cristalina con propiedades más deseables.

Para facilitar este proceso de selección, los consumibles se encuentran organizados en función del tipo de soldadura y el material base en la aplicación web.

Igualmente, los electrodos no consumibles deben seleccionarse en función de su aplicación recomendada. La elección adecuada del electrodo es muy importante para obtener resultados correctos en la soldadura y maximizar la propia vida útil del electrodo.

—

Puede acceder a los gases recomendados en el siguiente enlace:

Debido a las elevadas temperaturas que soportan los electrodos, sufren desgaste y requieren ser afilados periódicamente para mantener la proyección adecuada del arco eléctrico.

Ventajas y desventajas:

Ventajas

Limpieza y estética: Los cordones de soldadura resultantes son muy estéticos y limpios. No es necesario picar o cepillar la soldadura ni tampoco eliminar proyecciones.

Resultados con acero inoxidable y aluminio: El acero inoxidable es un material al cual el calor le afecta negativamente, debido a que pierde cualidades y se deforma por la acción de dicho calor. El aluminio crea una capa de óxido refractario que complica la soldadura. El método TIG es idóneo para la soldadura de estos dos materiales.

Aporte térmico controlado: Gracias a un correcto afilado del electrodo se consigue que el arco eléctrico se concentre en un área determinada. Los aportes de calor generados en las soldaduras afectan a las propiedades de los metales base, de ahí que sea importante que esta afectación sea lo más controlada posible.

Penetración: La soldadura TIG consigue unos pases de raíz de muy buena calidad. Debido a esto, este tipo de soldadura es muy adecuada para la soldadura de tuberías y elementos que requieran ser radiografiados, dados los resultados tan satisfactorios obtenidos.

Desventajas

Portabilidad: Si bien, el grupo de soldar TIG no habitúa ser voluminoso, la necesidad de requerir gas de protección dificulta la movilidad. Por otra parte, a no ser que se dispongan pantallas de protección u otros medios similares, no es una soldadura adecuada para exteriores, ya que la atmósfera protectora puede disolverse por la acción de la corriente de aire.

Especialización: Sobre este punto hay un gran debate sobre cuál es la soldadura más complicada, parece ser que comparte puesto o rivaliza con la soldadura SMAW.

—

Ciertamente se trata de una soldadura con una curva de aprendizaje importante, sobre todo por los resultados que se esperan de ella. Este elevado nivel de especialización resulta en un aumento de los costes asociados a la mano de obra por soldadura TIG.

Necesidad de limpieza previa: La soldadura TIG es muy sensible a la suciedad. Para la obtención de soldaduras de calidad y buen aspecto es requisito ser extremadamente cuidadoso y escrupuloso con la limpieza del material base, las propias varillas, incluso los guantes.

El óxido, la grasa, la cascarilla del acero al carbono son enemigos de esta soldadura, por lo que deben ser retirados convenientemente.

Este trabajo de limpieza y cuidado conlleva un tiempo extra que perjudica al rendimiento general del trabajo.

Rendimiento: La tasa de deposición es extremadamente baja debido al lento ritmo que tiene esta soldadura. Se trata de uno de los métodos de soldadura más lentos que existen.

En resumen, se trata de una técnica de soldadura con la que se obtienen unos resultados muy satisfactorios desde el plano de la fusión y penetración, así como desde la apariencia de las soldaduras. Como contrapunto, el rendimiento general es bajo por los requisitos generales de la propia técnica, como son las exigencias de limpieza y la baja tasa de deposición, sumando esto último a los costes laborales asociados.

Finalmente, se exponen algunas de sus aplicaciones más comunes con el objetivo de ofrecer una perspectiva

Aplicaciones comunes:

Las aplicaciones habituales de este tipo de soldadura son principalmente los distintos tipos de aceros inoxidables, aluminios y magnesios.

Es habitual el uso de esta soldadura para la fabricación de depósitos y tuberías de acero inoxidable, junto con cualquier tipo de pieza de aluminio o magnesio, incluyendo las distintas aleaciones de éstos.

CAPÍTULO 4.1.4: Soldadura FCAW

Descripción general:

La soldadura **FCAW** (*Flux Cored Arc Welding*), o soldadura con arco con núcleo fundente consiste en un método que combina las prestaciones de la soldadura SMAW y la soldadura MIG-MAG.

Este método utiliza el mismo grupo que la soldadura MIG-MAG, con la diferencia sobre ésta de que no precisa en todos los casos la utilización de gas de protección. El motivo por el cual no siempre requiere gas radica en que el tipo de hilo no es sólido como en la soldadura MIG-MAG, sino que está compuesto por una envoltura metálica en su exterior y una serie de fundentes en su interior. Estos fundentes en el proceso de soldadura son los que generan la atmósfera y una película protectoras ("cascarilla") que endurece una vez que solidifica la soldadura. (41)

La norma AWS presenta una ligera modificación para diferenciar los sistemas de soldadura FCAW que no necesitan protección gaseosa externa (FCAW-S) y los que sí necesitan dicha protección (FCAW-G). (41)

Principios de funcionamiento:

El funcionamiento es similar a la soldadura MIG-MAG, con la diferencia de que el hilo no es macizo, sino que incorpora en su núcleo fundentes.

Ventajas y desventajas:

<u>Ventajas</u>

Múltiples aplicaciones: Debido a que combina el funcionamiento de los electrodos revestidos y la soldadura MIG-MAG tiene un campo de aplicaciones similar a ambos, lo cual es muy amplio. Puede mejorar notablemente el rendimiento de soldaduras SMAW realizadas en exteriores, tales como soldaduras de grandes estructuras, gasoductos, oleoductos, etc.

Combinación química compleja: La simbiosis entre el hilo y el fundente permite que se realicen mezclas químicas más complejas que otro tipo de soldaduras como las soldaduras TIG o MIG-MAG. Esto consigue unos depósitos de material muy concreto y adecuado para aplicaciones concretas, en las cuales la única aportación de un metal aportado en varilla o hilo no es suficiente para conseguir soldaduras de alta calidad.

—

Curva de aprendizaje: Al igual que la soldadura MIG-MAG, la curva de aprendizaje no es demasiado pronunciada. Además, existen programas que ayudan a regular los parámetros de la máquina ("sinérgicos") para ayudar a soldadores en proceso de aprendizaje.

Desventajas

Estética de la soldadura: Este tipo de soldadura produce muchas proyecciones y algo de cascarilla, que ensucian la soldadura, y requiere trabajos de limpieza posteriores. Si bien, en la actualidad, los principales fabricantes están trabajando duro para mejorar estos aspectos, aportando productos mejorados que generan menos suciedad.

Portabilidad: Tal y como se ha indicado, el grupo es el mismo que para la soldadura MIG-MAG, por lo que resulta voluminoso, pesado y complicado su desplazamiento.

Coste del grupo: Al igual que el anterior apartado, el coste del grupo de soldadura MIG-MAG es elevado.

Aplicaciones comunes: Utilizado ampliamente en calderería, soldadura de conductos de gran diámetro, soldaduras en campo, trabajos con materiales especiales.

CAPÍTULO 4.1.5: Soldadura SAW

Descripción general:

La soldadura por arco sumergido, conocida como **SAW (*"Submerged Arc Welding"*)** consiste en un método de alimentación de hilo o alambre continuo sobre el que se vierte continuamente un "flux" en polvo para que el arco eléctrico producido con el contacto del hilo y el material a soldar quede oculto o sumergido.

De esta manera el baño de fusión queda protegido por una suerte de montaña continua, de tal forma que el proceso, si está correctamente realizado, puede realizarse sin protección ocular. (42)

Principios de funcionamiento:

Se trata de un proceso con facilidad para trabajar de forma automática o semiautomática. Tal y como se ha indicado, el sistema de alimentación suministra un hilo y un flux granulado continuamente.

En el lecho de este flux sucede la soldadura, quedando protegida por la solidificación del flux.

Ventajas y desventajas:

Ventajas

Rendimiento: Aunque la velocidad de trabajo no es aparentemente rápida, la tasa de deposición es importante, ya que se acostumbra a utilizar alambres de gran grosor, por lo que es posible aportar con cada pasada gran cantidad de material.

Automatizable: Este sistema se utiliza automatizado o semiautomatizado, ya que simplemente se requiere hacer circular una chapa o hacer rodar una virola de forma continua sobre el sistema.
En ocasiones hay un único operario encargado de hacer un ligero seguimiento y pequeñas modificaciones sobre el proceso.

Limpieza: El aspecto de la soldadura final es muy estético y limpio, sin proyecciones, con cordones similares a los realizados con SMAW. No requiere trabajos de limpieza y cepillado posteriores, únicamente hay que retirar el flux solidificado, que sale sin esfuerzo y en ocasiones se cae solo durante el proceso.

Aspecto y calidad: El aspecto, como ya se ha mencionado es de alta calidad, válido como terminación final. En lo respectivo a la calidad es muy alta, se puede utilizar para soldaduras radiografiadas sin problema.

Salubridad: Debido a que no emite humos, calor excesivo o luminiscencias agresivas para los ojos, permite al operario un trabajo alejado de elementos agresivos para su salud.

Economía: El funcionamiento en régimen automático o semiautomático, junto a su elevada tasa de deposición permite un rendimiento adecuado del proceso. A su vez, gran parte del flux que no es solidificado durante el proceso es recuperable para posteriores soldaduras.

<u>Desventajas</u>

Coste de la maquinaria: Se trata de maquinarias que requieren una inversión superior a otros sistemas.

Dimensión: Son máquinas voluminosas que se encuentran fijas, lo que se mueve son los elementos a soldar: calderas, virolas, chapas, estructuras, etc.

Portabilidad: Tal y como se ha indicado en el párrafo anterior, estos sistemas se encuentran fijos, no se suelen desplazar.

Aplicaciones comunes:

Soldadura de calderería pesada, construcciones metálicas, estructuras, soldadura de tuberías de grandes dimensiones, recubrimientos. (42)

—

CAPÍTULO 5

Elementos férricos

El hierro es un elemento químico de aspecto metálico brillante con matices grisáceos con número atómico 26. Su símbolo es Fe y pertenece al grupo de los metales de transición. Su estado natural en la naturaleza es sólido (43). Es un metal maleable, dúctil y barato, por lo que su uso es muy habitual desde la antigüedad.

A su vez, el hierro es el segundo metal más abundante de la corteza terrestre, solamente por detrás del aluminio. No se conoce con exactitud la fecha de uso más antigua de este elemento, existen algunos indicios que lo datan aproximadamente en los 3500 a.C por parte de egipcios y sumerios (1-5).

Se cree que el primer hierro utilizado por los seres humanos ni tan siquiera fue extraído de la corteza terrestre, sino que posiblemente proviniese de meteoritos (6). Teniendo en cuenta que el hierro no se encuentra en la naturaleza en su forma pura, sino formando parte de otros minerales, generalmente óxidos, esto pudo representar una ventaja en aquellos tiempos en los que no existían conocimientos metalúrgicos significativos.

Para obtener el hierro en estado puro, debe realizarse un proceso de refinado para eliminar las impurezas. Los minerales de hierro de mayor importancia son la hematita, la limonita, la magnetita, la pirita y la siderita (6).

Sin embargo, el hierro puro apenas tiene uso en la actualidad y no resulta interesante para las técnicas y procesos que aquí se detallan. En su lugar, el acero, que consiste en una aleación de hierro y carbono tiene una producción más sencilla y económica que el hierro aislado.

Por otra parte, el acero tiene mejores cualidades que el hierro, por este motivo, en la industria y en la sociedad, el hierro al igual que en la naturaleza, no se suele utilizar aislado. (8,9)

En un contexto histórico, se cree que las civilizaciones crearon acero sin saberlo, realizaban operaciones térmicas para separar el hierro de sus minerales en fraguas de carbón vegetal, introduciendo de esta forma ciertas cantidades de carbono (1,2,44,45).

El uso del acero se ha postulado como predilecto con respecto al hierro, debido a que tiene mayor resistencia mecánica, mayor resistencia a la corrosión y posibilidad de endurecimiento por templado, entre otras. (19)

CAPÍTULO 5.1: Acero al carbono

El acero al carbono consiste en una aleación de Fe y C, con un porcentaje de este último inferior al 2% aproximadamente, puesto que a partir del mencionado porcentaje se denominan fundiciones. A su vez, los aceros al carbono y el resto de los materiales férricos contienen en su composición algunos otros elementos en menor medida. Algunos de éstos simplemente son residuales y otros sirven para mejorar las características y propiedades de los materiales. (25)

Los aceros son materiales férricos de amplia utilización, que se diferencian por su composición y, particularmente por su contenido en carbono.
En función del contenido de carbono, el acero presenta distintas propiedades que afectan a sus posibles aplicaciones. Debido a las posibles aplicaciones y a sus diferentes propiedades, los aceros se estructuran en tres categorías principales según su contenido en carbono, tal y como se ha indicado anteriormente (8,9). A continuación, se describen brevemente sus principales características, así como se proporcionan los enlaces y códigos QR correspondientes a la aplicación web con el objeto de ampliar los detalles y permitir el acceso a los criterios de selección que la herramienta brinda.

<u>Acero de alto carbono</u>

Los aceros de alto carbono se caracterizan por las siguientes propiedades:

Porcentaje de carbono en peso: Los aceros de alto carbono contienen un porcentaje de carbono en peso situado entre 0,55% y 1,50%. Por encima de este contenido de carbono se encuentran los denominados "ultra alto carbono", no siendo objeto del presente documento.

Dureza: A medida que el contenido de carbono aumenta, su dureza y dureza potencial lo hace de igual forma, debido a procesos térmicos como el temple.

Resistencia: Alta resistencia a la tracción y al desgaste.

Maquinabilidad: Debido a su dureza, son más difíciles de mecanizar en comparación con los aceros de medio y bajo carbono.

Soldabilidad: La alta cantidad de carbono complica la soldadura, ya que se tienden a generar microestructuras frágiles en la ZAT.

Ductilidad y Maleabilidad: A medida que aumenta el contenido en carbono, disminuyen estas propiedades.

Aplicaciones: Herramientas de corte, brocas, cintas de sierra, cuchillas para torno, limas, piezas de máquinas que requieran resistencia, ejes transmisiones.

Mediante el siguiente enlace puede acceder a los consumibles recomendados:

Acero de Medio carbono

Los aceros de medio carbono se caracterizan por las siguientes propiedades:

Porcentaje de carbono en peso: Los aceros de medio carbono son aleaciones de hierro y carbono con un porcentaje de carbono en peso situado entre 0,3% y 0,55%-0,60%.

Resistencia: Debido al aporte medio de carbono tienen una mayor resistencia que los aceros de bajo carbono y naturalmente no tan alta como los aceros de alto carbono.

Maquinabilidad: Ofrecen una maquinabilidad media, situada entre los aceros de bajo y alto carbono.

Soldabilidad: Tienen una soldabilidad media. Es necesario tener precauciones para evitar la formación de microestructuras indeseables por el efecto del calor.

Ductilidad y Maleabilidad: Presentan una ductilidad y maquinabilidad media, al igual que las anteriores características.

Tratamientos térmicos: Responden a los procedimientos de tratamientos térmicos como temple y revenido, con lo que se pueden adecuar sus propiedades mecánicas.

Aplicaciones: Adecuados para múltiples aplicaciones que requieren una combinación adecuada entre la resistencia, tenacidad y ductilidad. Se emplean como componentes de maquinarias, engranajes, cigüeñales, ejes, componentes estructurales, herramientas, etc.

Mediante el siguiente enlace puede acceder a los consumibles recomendados:

<u>Acero de Bajo carbono</u>

Los aceros de bajo carbono se caracterizan por las siguientes propiedades:

Porcentaje de carbono en peso: Los aceros de bajo carbono comprenden la denominación de aceros con un porcentaje de carbono situado entre 0,08% y 0,25%-0,30%.

Resistencia: Poseen una resistencia mecánica limitada.

Dureza: Son aceros blandos, denominados comúnmente aceros dulces. No endurecen por templado. Pueden endurecer por carburización o nitrado.

Maquinabilidad: Debido a su baja resistencia son fácilmente mecanizables.

Soldabilidad: Son fácilmente soldables y no suelen requerir tratamientos térmicos ante, durante o después de la propia soldadura.

Ductilidad y Maleabilidad: Son extremadamente dúctiles y maleables, permiten su conformado tanto en frío como en caliente.

Aplicaciones: Se utilizan en la fabricación de perfiles estructurales para la construcción, clavos, barras, tornillos, varillas, y en general, aquellos elementos que requieran conformado y soldadura en su fabricación y vida útil.

Mediante el siguiente enlace puede acceder a los consumibles recomendados:

CAPÍTULO 6

Aceros aleados

Los aceros aleados son un subtipo de aceros al carbono que merecen un capítulo propio debido a sus características y aplicaciones distintivas en comparación con otros aceros al carbono. Se definen como aceros al carbono que contienen elementos de aleación en proporciones variables, destinados principalmente para mejorar sus propiedades mecánicas, siendo destinados, como bien indica su nombre, a trabajar como herramientas.

Son especialmente conocidos por su alta dureza y tenacidad, y generalmente se someten a tratamientos térmicos como el temple.

Los elementos de aleación más comunes en estos aceros incluyen vanadio, tungsteno (también conocido como wolframio), molibdeno, cobalto, cobre, titanio, circonio, plomo, selenio, aluminio, boro y niobio. A su vez, se combinan con otros elementos habituales como cromo, silicio, manganeso, etc.

Por otra parte, estos aceros contienen un elevado porcentaje de carbono, con lo que se favorece la formación de distintos tipos de carburos durante los tratamientos térmicos, contribuyendo a aumentar su resistencia al desgaste y definitivamente manteniendo la estabilidad dimensional de la herramienta concreta.

Sin embargo, este mismo hecho hace que la soldadura sea un reto complicado. Por este motivo, la soldadura no se considera el medio adecuado de trabajo con estos materiales, sin embargo, debido al elevado coste del material o en circunstancias en las que sea valiosa la reparación, frente a la sustitución, la soldadura puede considerarse teniendo en cuenta la necesidad de tratamientos térmicos antes y después de la soldadura, así como temperaturas controladas durante el propio proceso de soldadura (8,14,16,17,39,49-60).

En los siguientes apartados, junto con la aplicación web, se amplían y detallan los aspectos concretos para facilitar la selección y desarrollo de las técnicas de soldadura más adecuadas.

—

CÁPITULO 6.1: Aceros para herramientas

Los aceros utilizados para la fabricación de herramientas constituyen un grupo de aceros con características específicas para su utilización como herramientas.

Dentro del campo de la ingeniería de materiales, en la metalurgia o en la ingeniería de materiales, las aplicaciones generales con las que se designan las herramientas abarcan un espectro muy amplio. Sirva como representación de las diversas aplicaciones que poseen estos aceros, el siguiente resumen (57,60,61):

Herramientas de corte: Cuchillas, brocas, fresas, cizallas.

Herramientas de mano: Martillos, cinceles, llaves, alicates.

Matrices y punzones: Herramientas usadas en procesos de conformado o estampado.

Herramientas de moldeo: Moldes para la inyección de plástico, fundición de metales.

En lo respectivo a su nomenclatura, destaca la utilizada por las normas AISI/SAE, comunes en este documento, debido a su amplia aceptación internacional. Dicha normativa establece las distintas categorías de los aceros para herramientas de la siguiente forma (26,52-55,57):

W: El más común de los aceros para herramientas. Se trata de un tipo de acero al carbono templado con agua.

S: Aceros resistentes a los golpes y aplicaciones de extrema dureza.

O: Endurecidos mediante temple en aceite.

A: Endurecidos al aire.

D: Alto porcentaje de carbón y cromo, adecuados para aplicaciones con desgaste abrasivo.

P: Se utilizan para aplicaciones de moldeo o conformado.

H: Aceros de trabajo en caliente con cromo, tungsteno o molibdeno.

T: Aceros de alta velocidad. Contienen tungsteno.

M: Con molibdeno como elemento principal.

Siguiendo las recomendaciones del Manual *Welding in Tool Making de Böler* (56), se deben tener las siguientes consideraciones respecto a la soldadura de los aceros para herramientas.

Conocimiento del estado del material, ya que en estado templado es completamente imposible su soldadura. En este caso, se debe realizar un revenido antes de la soldadura.

Igualmente importante es la limpieza exhaustiva de toda la junta de soldadura. El uso de taladrinas debe removerse por completo para evitar la fisuración en caliente por hidrógeno.

—

Deben utilizarse medios no destructivos para localizar defectos y grietas en el material. En el caso de encontrarse defectos, éstos deben removerse por completo y la junta debe quedar absolutamente limpia.

Las uniones deben realizarse con chaflán en U, nunca en V, a su vez, los biseles deben tener un ángulo de 30° y el fondo del chaflán debe tener una dimensión de 1 mm superior al diámetro del electrodo.

Una vez realizada la soldadura debe comprobarse mediante líquidos penetrantes, y en el caso de encontrarse defectos, éstos deben ser removidos completamente.

Por último, se debe realizar el tratamiento térmico determinado a mantener el material en el estado original.

A continuación, puede acceder al apartado concreto en la aplicación web gracias al siguiente código QR.

CAPÍTULO 6.2: Aceros aleados (no herramientas)

Se definen los aceros aleados como aquellos tipos de aceros al carbono que en su composición tienen otros elementos adicionales al hierro y el carbono, en porcentajes que oscilan entre pueden variar entre el 1% y el 50%.
Habida cuenta de que los aceros para herramientas podrían considerarse aceros aleados y también aceros inoxidables, por coincidir con los porcentajes anteriormente indicados, se ha dedicado este subcapítulo para exponer las propiedades y aplicaciones que presenta esta denominación particular.

Los aceros aleados mejoran las características del acero al carbono común, añadiendo Cr, Ni, Al, W, V, Mo, Si, Mn, S y P.

A su vez, los aceros aleados se subdividen en las siguientes categorías:

Baja aleación: <5% de aleantes.
Media aleación: 5%-10% de aleantes.
Alta aleación: >10% de aleantes.

Existen numerosos tipos de aceros aleados, sin embargo, no todos presentan características adecuadas para la soldabilidad, debido a esto, en la aplicación web únicamente se han considerado soldables los aceros de baja aleación seleccionados.

—

De otra manera, sería necesario incluir para cada tipo, consideraciones excepcionales y concretas, incluyendo tratamientos térmicos específicos, excediendo por este motivo las dimensiones razonables de este trabajo.

Puede acceder a los consumibles recomendados en el siguiente enlace:

CAPÍTULO 7

Aceros inoxidables

Los aceros inoxidables son aceros aleados con cromo, con un contenido que oscila entre el 10,5% y el 30%.
A veces se los denomina aceros al cromo en lugar de aceros inoxidables, no obstante, debido a la amplia aceptación tanto de uno como otro término, en este documento se denominarán en lo sucesivo, aceros inoxidables.

Es preciso indicar que esta última denominación puede resultar ciertamente engañosa, debido a que estos materiales se oxidan igual que cualquier otro. Sin embargo, la oxidación no es la que recuerda a la corrosión habitual de los aceros comunes, en los que el material se degrada paulatinamente.

La oxidación sucede en su aleante principal, el cromo, que genera en contacto con el oxígeno una capa pasiva, que actúa como protectora del acero.
Además de su notable resistencia a la corrosión, los aceros inoxidables presentan una serie de cualidades excepcionales que los posicionan de manera preferente ante diversas aplicaciones.

Su desempeño suele superar al de otros materiales férricos, pero este comportamiento excelente tiene un coste considerable, lo que limita su uso a aplicaciones en las que la resistencia a la corrosión justifique su inversión con respecto a otras alternativas.

Dada la amplia variedad de denominaciones y tipos de aceros inoxidables, se abordarán en secciones separadas para ofrecer su análisis detallado.

Puede acceder a más información sobre este tema en el siguiente enlace:

CAPÍTULO 7.1 Aceros inoxidables austeníticos

Descripción general:

Poseen una microestructura cúbica (FCC) centrada en las caras, por lo tanto, no es magnético en su estado recocido, aunque pueden volverse ligeramente magnéticos si se trabajan en frío. Se pueden soldar fácilmente, aunque es necesario tener consideraciones para no sensibilizar el material. Esta estructura se logra mediante la adición de Ni, Mn y N.

Tienen buenas capacidades dúctiles y formables, lo que les permite la aplicabilidad en múltiples procesos de conformado.

Composición química:

Están formados por un porcentaje de 16%-26% de Cr y 6%-22% de Ni. Algunos tipos contienen molibdeno que mejor si cabe la resistencia a la corrosión. Generalmente tienen niveles bajos de carbono <0,1%.

Los aceros inoxidables austeníticos tienen un alto coeficiente de expansión térmica, del entorno del 50% más elevado que los aceros al carbono, por lo que es sumamente importante utilizar procesos térmicos que disminuyan el aporte de calor, o que lo distribuyan de la forma adecuada, para reducir la distorsión del metal.

Estructura y propiedades:

Estos aceros no endurecen por tratamiento térmico, tienen mayor resistencia a la corrosión que los aceros martensíticos y ferríticos, tienen excelente resistencia mecánica y a la oxidación por elevadas temperaturas.

Este tipo de aceros son susceptibles a la corrosión intergranular bajo procesos de calentamiento prolongado a temperaturas de 400°C-900°C.

En estos procesos críticos de calentamiento el cromo se precipita en los límites de grano en forma de carburos de cromo, disminuyendo considerablemente la resistencia a la corrosión.

Soldabilidad:

Para evitar el problema de precipitación de carburos de cromo anteriormente mencionado, puede ser recomendable recocer el material soldado a una temperatura entre 1000°C y 1100°C (aunque el rango puede variar en función del tipo de acero) y enfriarlo rápidamente en agua.

Para evitar los problemas de corrosión intergranular, se han diseñado aleaciones con elementos que actúan contra la sensibilización, que es como se conoce a la formación de carburos bajo condiciones de alta temperatura.

—

Algunos ejemplos de estas aleaciones son el 321, estabilizado con niobio o el 347, con Titanio.

Se debe controlar la temperatura de soldadura, evitando periodos prolongados, el precalentamiento de la zona de soldadura no está recomendado.

Se recomienda realizar secuencias de soldadura alternadas para minimizar y repartir las tensiones, limitar la temperatura entre pasadas a un máximo de 150ºC-200ºC.

El acero inoxidable austenítico se puede soldar por los medios habituales. Si bien, debido a las características del material, es recomendable utilizar técnicas que minimicen el aporte térmico y que lo hagan la forma más limpia posible.
Dentro de las consideraciones indicadas, suele ser habitual utilizar la soldadura TIG como criterio general para estos materiales, debido a que proporciona un acabado muy adecuado.

La soldadura TIG tiene un aporte térmico muy localizado, con lo cual se disminuyen los problemas asociados al calor. A su vez, se trata de una soldadura limpia, con aporte de gas inerte, generalmente Ar, aunque puede utilizarse He.

Las soldaduras realizadas con este método resultan muy vistosas, aportando una sensación de gran calidad y buen producto.

No obstante, se trata de una soldadura que requiere protección gaseosa, con lo que no es adecuada para exteriores. Además ess un procedimiento lento, con lo que aumenta los costes por mano de obra, a lo que hay que sumar el coste del gas (8,14-16,18,20,21,23,39,46,47,58,60,62-69) .

Puede acceder a más información en el siguiente enlace:

CAPÍTULO 7.2: Aceros inoxidables ferríticos

Descripción general:

Formados por una estructura metalográfica formada básicamente por ferrítica BCC, centrada en el cuerpo. Tienen un coste inferior a otros aceros inoxidables, debido a que no tienen nada o prácticamente nada de Ni.

Composición química:

Están compuestos por un porcentaje de cromo que oscila entre 10,5%-27%. Además, presentan niveles bajos de carbono, no superando el 0,12%.

Propiedades:

Ofrecen buena resistencia a la corrosión, superior que los martensíticos y menor que los austeníticos. Son magnéticos, y comparados con los austeníticos, son menos dúctiles y tienen menor resistencia a la tracción.

Soldabilidad:

Son más complicados de soldar, debido a que el aporte térmico realizado sobre la soldadura y la ZAT, puede afectar a las propiedades del material adyacente, modificando características como la resistencia a la corrosión y la ductilidad.

Aplicaciones:

Debido a su resistencia a la corrosión, junto con su reducido coste, son habituales como utensilios de cocina, tubos de escape de automóviles, lavadoras, etc.

Puede acceder a más información en el siguiente enlace:

CAPÍTULO 7.3: Aceros inoxidables martensíticos

Descripción general:

Tienen una estructura metalográfica principalmente formada por martensita.

Propiedades:

Posee una estructura BTC, tetragonal centrada en el cuerpo. Este tipo de aceros inoxidables son magnéticos, al igual que los ferríticos.

Tienen capacidad de endurecerse y templarse, por lo que presentan gran resistencia y dureza.

Sin embargo, la resistencia a la corrosión es inferior que los austeníticos y ferríticos.

Composición química:

Contienen alrededor de 11,5% y 18% de Cr, hasta 1,2% de C y otros elementos en menor medida, como Ni, Mo y V.

Soldabilidad:

Debido al elevado porcentaje de carbono, su soldadura presenta dificultades, ya que se produce sensibilización en las zonas afectadas por la soldadura. Esta afectación térmica denominada sensibilización consiste en la formación de carburos. Estos carburos precipitan en los bordes de grano, produciendo corrosión localizada.

Debido a este tipo de problemas, hay aleaciones concretas que se estabilizan generalmente con titanio o niobio para minimizar la precipitación de carburos.

Aplicaciones:

Estos aceros se utilizan como hojas de cuchillos, cubiertos, rodetes o impulsores de turbinas, cuerpos de válvulas, herramientas de corte, piezas mecánicas y herramientas.

Puede complementar la información en el siguiente enlace:

CAPÍTULO 7.3: Aceros inoxidables Dúplex-Súper Dúplex

Descripción general:

Los aceros inoxidables dúplex son una familia de aceros inoxidables que tienen su microestructura compartida entre austenita y ferrita. De esta forma consiguen combinar las cualidades de ambos tipos de aceros inoxidables, los austeníticos y los ferríticos.

Propiedades:

Poseen alta resistencia mecánica, buena resistencia a la corrosión por picaduras y grietas bajo tensión y una superior resistencia a la corrosión general que los aceros inoxidables ferríticos y similar a los austeníticos.

Composición química:

Contienen elevados niveles de cromo, entre el 18% y el 28%, y 4,5% de níquel, cantidades inferiores al 5% de molibdeno, nitrógeno por debajo del 0,3% y un contenido de carbono muy bajo, generalmente inferior al 0,03%.

Soldabilidad:

Habitualmente el proceso de soldadura puede resultar ligeramente más complicado con este material que con otro tipo de aceros inoxidables. Es muy importante que durante la soldadura no se forma excesiva ferrita o austenita, ya que esto puede debilitar la soldadura.

Afortunadamente, existen consumibles de alta calidad, especializado en la soldadura de tipo dúplex, sobre-aleados con un 3%-4% de níquel, ya que este elemento actúa estabilizando la fase austenítica del acero y evita la formación excesiva de ferrita.

Aplicaciones:

Tiene diversas aplicaciones en los que la resistencia mecánica y la resistencia a la corrosión es muy importante, por ejemplo, en plataformas petrolíferas, aunque no son las únicas, ya que se trata de un material con propiedades muy valoradas por todo tipo de industria.

Puede acceder a más información en el siguiente enlace:

CAPÍTULO 8

FUNDICIONES

El hierro fundido es una aleación de hierro con un contenido de carbono que varía entre el 2% y el 6,67% en peso. Tiene gran dureza y baja ductilidad, debido en gran medida a la cantidad de carbono presente.

Estas características impiden que sea trabajado en frío o en caliente, laminado o estirado. Su principal método de fabricación consiste en la fundición. La fundición es especialmente apropiada para la fabricación de piezas con formas complejas.

Presentan buena resistencia a la corrosión y excelente resistencia a la compresión.
La producción del hierro fundido representa una ventaja competitiva con respecto a los aceros, ya que la temperatura de fundición es más baja y permite reducir los costes de fabricación.

A su vez, presentan buenas propiedades para absorber vibraciones, lo que unido a su resistencia a la compresión y su capacidad de auto lubricarse los hace apropiados para incorporarse como partes de maquinarias (24,77,78).

CAPÍTULO 8.1: Fundición gris

La fundición gris tiene la característica de que el carbono se encuentra en forma de láminas de grafito en la estructura del material.

Debido a esta característica, este material tiene poca ductilidad y presenta dificultades para la soldadura, ya que el elevado porcentaje de carbono puede favorecer la formación de grietas y éstas pueden propagarse por la microestructura laminar del grafito, comprometiendo la integridad del material (24,77-84).

Tiene muy buena resistencia a las vibraciones y posee una notable capacidad de mecanizado. A su vez, tiene alta resistencia al desgaste y al calor, por lo que resulta especialmente adecuado para la fabricación de bancadas de motores, partes de máquinas, motores de combustión interna y piezas sometidas a vibración y desgaste, entre otras.

Otra cualidad diferencial que no se ha indicado en este apartado, consiste en que el grafito posee propiedades lubricantes, por lo que las láminas de grafito actúan como lubricante, protegiendo la integridad de las piezas y dotándolas de mayor durabilidad.

—

CAPÍTULO 8.2: Fundición dúctil

La fundición dúctil es un tipo de hierro fundido al que se le añade en su fabricación una cantidad determinada de magnesio como elemento nodulizante. Al añadir el mencionado magnesio en la fundición, el grafito se agrupa en forma de esferas.

Esta diferencia estructural con respecto a la fundición gris revierte en mejoras con respecto a las propiedades de ductilidad y resistencia al impacto del material.

Por lo tanto, se pueden resumir las principales características de la fundición dúctil como las siguientes (24,78,81,82,84,85):

Ductilidad: Tiene mayor ductilidad que la fundición gris, por lo que puede deformarse más que ésta. Esta propiedad radica en la forma esferoidal del grafito, ya que en cierta forma disipa las tensiones, puesto la forma esférica presenta discontinuidad en su microestructura.

Capacidad de amortiguación: Tiene menos capacidad de amortiguación que la fundición gris.

Resistencia al impacto: Muy buena capacidad de resistencia al impacto.

Resistencia a la tracción: Aumenta su capacidad con respecto a la fundición gris.

CAPÍTULO 8.3: Fundición maleable

La fundición maleable se obtiene mediante un proceso térmico de recocido a partir de una fundición blanca, que es un tipo de hierro fundido duro, pero muy quebradizo, debido a su microestructura compuesta por cementita y perlita. Al proceder a realizar el tratamiento térmico de 800°C-900°C durante varios días, para proceder posteriormente a un enfriamiento lento, se logra transformar gran parte de la cementita en pequeñas partículas esféricas de grafito.

Con este tratamiento se consigue un material con mayor ductilidad (24,77-84).

Las fundiciones maleables tienen características de ductilidad similares a las nodulares. No obstante, las nodulares se obtienen directamente por fusión, sin necesidad de requerir tratamientos térmicos posteriores, por lo que representa una ventaja competitiva con respecto a las fundiciones maleables (86).

Esta fundición tiene un campo de aplicación en pequeñas piezas o secciones ya que debido a sus dimensiones pueden tener un enfriamiento demasiado rápido en el caso de que se realizaran con fundición gris y esto pudiera ocasionar la formación de carburos.

CAPÍTULO 9

Criterios de selección de procesos de soldadura

Este capítulo dota de instrumentos para facilitar la comprensión y posterior selección de criterios de soldadura. Para ello, se seleccionan y agrupan elementos y criterios, tal y como se describe a continuación.

Selección de elementos relacionados con la soldadura:

Metal base: Amplia gama de todo tipo de aleaciones, cada una con sus características y propiedades.

Consumibles de soldadura: Múltiples posibilidades de elección de consumibles de soldadura: varillas, hilo macizo, hilo hueco, electrodos, flux, gas, etc.

Tipos de soldaduras: Cada método tiene características y propiedades diferenciales con respecto al resto.

Trabajos: A la diversidad anterior hay que sumar los diferentes tipos de trabajos que requieren soldaduras.

A su vez, existen múltiples criterios de selección de métodos de soldadura. Con el objeto de facilitar la funcionabilidad de este trabajo, se ha realizado el proceso de selección de dichos criterios, tomando aquellos que son los más habituales y a la vez, representativos de cada método de soldadura, detallándose a continuación:

Emplazamiento: El emplazamiento en el cual se requiere hacer la soldadura es importante, ya que los métodos que requieren gas protector no son adecuados, puesto que la pérdida de la atmósfera protectora resulta con defectos tales como porosidad. Por lo tanto, mientras que las soldaduras TIG y MIG-MAG no son adecuadas para interiores, las soldaduras SMAW y FCAW sí son adecuadas tanto para interiores, como para exteriores.

Criterios: En este apartado se han seleccionado aquellas características diferenciales de cada tipo de soldadura, si bien, algunas de ellas son comunes al resto. Se detallan en el siguiente apartado.
Productividad: La productividad es un factor diferencial en cualquier tipo de industria. En función de esto, las soldaduras MIG-MAG y FCAW son las que poseen el mayor rendimiento.

No obstante, la soldadura MIG-MAG requiere el uso de gas de protección, sin embargo, la soldadura FCAW puede hacerlo sin dicha protección, por lo cual, la soldadura MIG-MAG puede soldar en interiores y no es adecuada para exteriores, y la soldadura FCAW puede utilizarse tanto en exteriores como en interiores.

Espesores milimétricos: Es posible que se requiera soldar espesores muy pequeños, del orden de 1,5mm o menos. Para conseguir resultados de buena calidad, es necesario tener aportes térmicos muy controlados, algo para lo que la soldadura TIG es un método idóneo. No obstante, también pueden utilizarse el resto de las soldaduras, utilizando aportes de diámetro adecuado y con una buena regulación de la intensidad.

Portabilidad: En el caso de que se requiera movilidad, es necesario utilizar grupos de soldadura que faciliten esa función. La soldadura SMAW utiliza grupos de tamaño reducido y no requiere gas de protección, con lo que es un método perfecto si lo que se busca es portabilidad. Al igual que en los anteriores apartados, todas las máquinas de soldadura utilizadas en este documento tienen tamaños que permiten cierta movilidad, incluyendo los grupos de soldadura MIG-MAG y FCAW.

Estética: Hay trabajos de soldadura que no quedan ocultos, todo lo contrario, permanecen vistos, habitualmente en materiales como aceros inoxidables, aluminios, entre otros. El aspecto de la soldadura es una imagen clara de la calidad de ésta, por lo que en ocasiones es una característica buscada. La soldadura TIG es perfecta para esto. Se recuerda también en este punto, que el resto de las técnicas de soldadura también consiguen resultados estéticos.

En base a los conceptos y criterios anteriores se establece la siguiente tabla con el método de soldadura preferente para un emplazamiento y criterio dados.

EMPLAZAMIENTO	CRITERIO	MÉTODO PREFERENTE
Exterior e interior	Productividad	FCAW
Exterior e interior	Portabilidad	SMAW
Interior	Espesor milimétrico (<1,5mm)	TIG
Interior	Productividad	MIG-MAG
Interior	Estética	TIG
Interior	Portabilidad	SMAW

Tabla 1: Criterios de selección preferente de métodos de soldadura. Fuente: elaboración propia

Con respecto a la soldadura de fundiciones o recargues, no se incluyen en este apartado debido a que lo más recomendable en la mayoría de los casos posibles es realizarlo con soldadura SMAW. No obstante, en la aplicación se encuentran otros tipos de soldaduras junto con sus consumibles para ofrecer un mayor número de posibilidades, si bien, estarían indicadas por motivaciones muy concretas.

El proceso que se sigue a continuación consiste en la utilización de tablas en las que se ponga de manifiesto gráficamente cuales son las soldaduras que cumplen con los distintos requisitos, tal y como se ha indicado en las anteriores líneas.

ACERO AL CARBONO, INOXIDABLE Y ALEADOS					
Criterios	Exterior e interior	Productividad	Espesor milimétrico	Portabilidad	Estética
TIG			✓		✓
MIG-MAG		✓			
FCAW	✓	✓			
SMAW	✓			✓	

Tabla 2: Preferencia según metal base. Fuente: elaboración propia

FUNDICIONES					
Criterios	Exterior e interior	Productividad	Espesor milimétrico	Portabilidad	Estética
TIG					
MIG-MAG					
FCAW					
SMAW	✓			✓	

Tabla 3: Preferencias según metal base fundiciones. Fuente: elaboración propia

En el siguiente diagrama de flujo se presenta la opción a seguir para realizar una selección del método de soldadura según los criterios expuestos en las tablas 2 y 3:

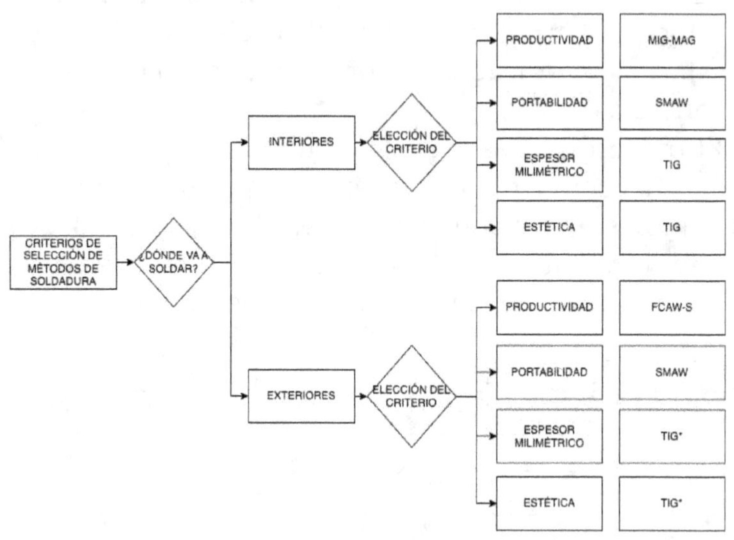

Ilustración 1: Diagrama de flujo Selección de criterios de soldadura. Fuente: elaboración propia

CAPÍTULO 10

Caso práctico

Preámbulo:

En este capítulo se realiza la selección del método y consumibles de soldadura más adecuados en función de los criterios elegidos, tal y como indica este manual en el capítulo 8.

Huelga indicar, que los criterios seleccionados son los mismos que pudiera tener cualquier interesado, únicamente habría que modificar los criterios seleccionados para obtener los resultados indicados para los mismos.

Los pasos seguidos en este proceso se detallan paso a paso con el objeto de permitir su uso como ejemplo, así como muestra de la aplicación práctica que posee este trabajo.

En el siguiente apartado se explorará un caso particular de una empresa ficticia para su posterior desarrollo, se denominará en lo sucesivo, "la empresa".

Caso particular:

La empresa que tiene una importante cartera de clientes en el sector del mantenimiento climatización y, por otra parte, mantenimientos de industrias alimentarias.

Actualmente quiere diversificar su actividad de mantenimiento, realizando también instalaciones en sus áreas de conocimiento y particularmente en las empresas que conforman su propia cartera. Estas instalaciones, principalmente requieren trabajos de soldadura. Las instalaciones de climatización principalmente están realizadas con acero de bajo carbono y las instalaciones industriales, mayormente son de acero inoxidable austenítico.

Para proceder con esta modificación de actividad, se ha creado una pequeña división que se va a encargar de los aspectos técnicos, por lo que requieren conocimiento sobre métodos de soldadura, ya que no tienen los suficientes criterios como para realizar una selección adecuada de métodos.

Gracias a este documento y su aplicación web, se les presta una primera sesión de asesoramiento, lo cual no elimina en absoluto que la empresa actualice sus conocimientos o requiera asesoramiento especializado.

Criterios de selección:
La empresa realiza una estimación sobre los criterios de selección relacionados con sus dos procesos de soldadura:

Instalaciones de climatización

Localización: Las soldaduras se tendrán que realizar en salas cerradas y en ocasiones tendrán que discurrir las tuberías y otros elementos como bombas y válvulas por azoteas.

Criterio principal: Debido a que principalmente se requiere movilidad, puesto que los trabajos se realizarán en obra, se requiere movilidad.

Instalaciones industriales

Localización: Se trata de tuberías de acero inoxidable que discurren por interiores, exceptuando algún trabajo en zonas de exteriores, en las cuales, las tuberías se encuentran en zonas techadas y protegidas parcialmente por paredes.

Criterio principal: El tipo de tuberías suelen ser de baja presión, por lo que generalmente tienen muy poco espesor. A su vez, debido a que este tipo de tuberías se encuentran vistas en su mayoría, a la empresa le preocupa el aspecto final de la soldadura. Por otra parte, a la empresa le interesa que el método elegido sea portable, ya que la instalación de tuberías requiere las soldaduras únicamente en las uniones de éstas.

En base a estos criterios planteados se procede a seguir el proceso planteado para obtener los resultados adecuados para las necesidades de la empresa.

Desarrollo del caso:

En lo respectivo a las instalaciones de climatización, mayormente los trabajos discurren por interiores y se requiere movilidad, por lo que en función del diagrama de flujo de la imagen 34, se recomienda la soldadura SMAW. Dado que también se realizarán trabajos en exteriores, se sigue el itinerario del diagrama de flujo para exteriores y se observa que se obtiene el mismo método de soldadura: SMAW, con lo cual, la soldadura SMAW es adecuada para estos requisitos.

En cuanto a las instalaciones industriales, la empresa requiere principalmente métodos de soldadura adecuados para interiores, así como, principalmente, espesor milimétrico, estética y portabilidad. La soldadura TIG está especialmente indicada para espesores milimétricos y también se obtienen resultados muy estéticos, con lo cual cumple dos de los tres principales requisitos. Navegando por este manual, en el apartado dedicado a la soldadura TIG, se puede comprobar que los grupos son reducidos en cuanto al tamaño, pero es inevitable cargar con la botella de gas argón. Teniendo en cuenta que cumple con los principales requisitos, la soldadura TIG es adecuada para los requisitos planteados en interiores.

—

En cuanto a los exteriores, tal y como indica el diagrama de flujo, es necesario utilizar pantallas protectoras para evitar que las corrientes de aire se lleven la protección gaseosa.

Por lo tanto, se van a realizar soldaduras SMAW en acero al carbono y soldaduras TIG en acero inoxidable austenítico.

A continuación, se procede a localizar los consumibles adecuados para soldadura SMAW en acero al carbono, de tipo bajo carbono en el capítulo 5.1 de este documento o navegando sobre las distintas opciones de la aplicación web.

En la primera pantalla se incorporan unas pequeñas instrucciones y se accede al siguiente paso mediante "selección del proceso".

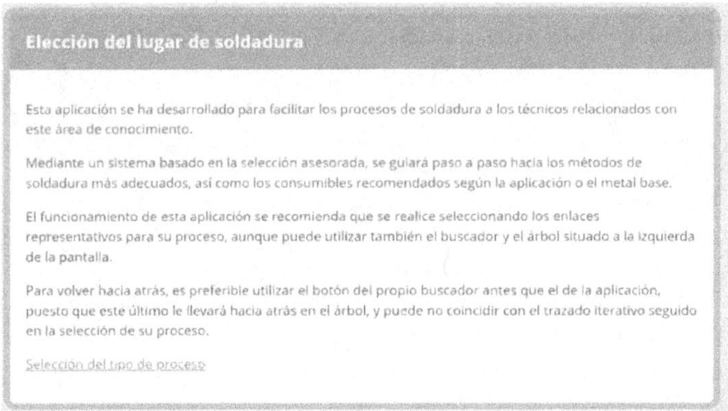

En la siguiente pantalla hay que elegir entre dos procesos, recargues o procesos normales. En nuestro caso, se trata de procesos normales.

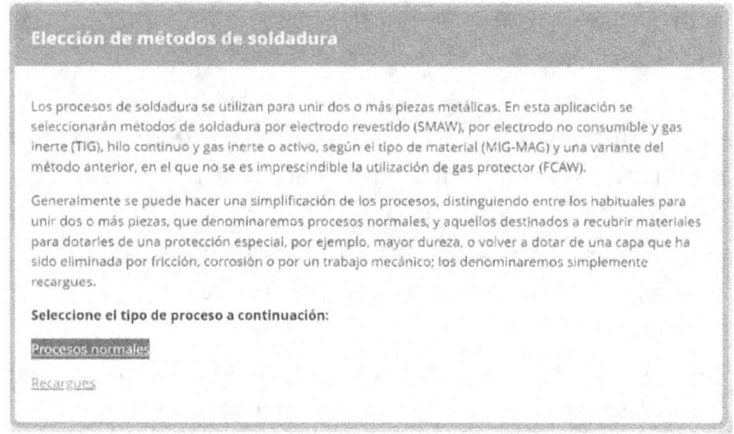

A continuación, hay una serie de materiales, entre los cuales hay que elegir aceros al carbono.

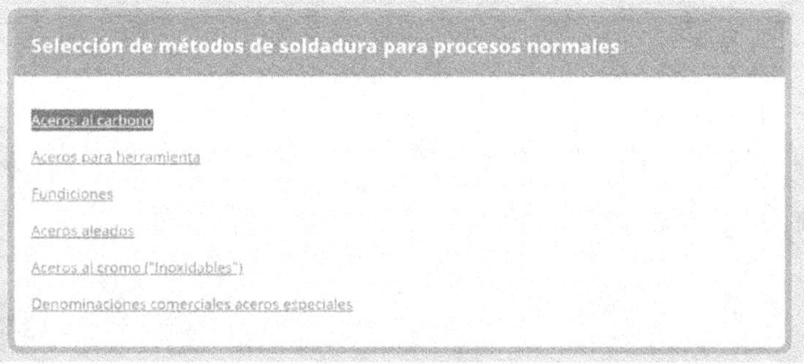

En esta nueva selección hay que clicar sobre los aceros de bajo carbono.

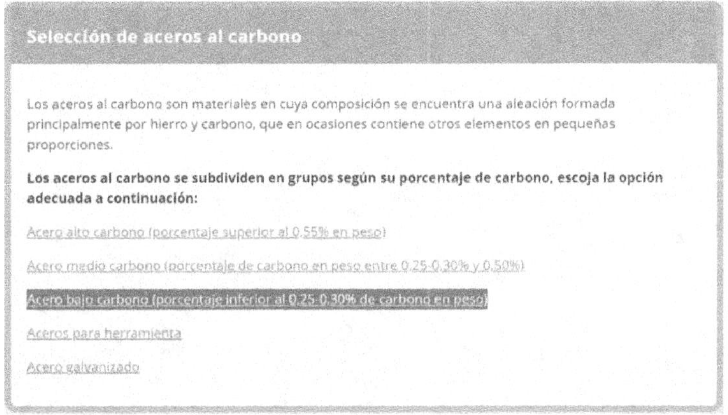

En la siguiente imagen se accede a los distintos tipos de aceros de bajo carbono. En la aplicación, hay que seleccionar uno de los dos tipos que se encuentran. En este caso, hay dos opciones, consultar al cliente por si supiera exactamente cuál es la aleación concreta o bien probar con los dos enlaces por si éstos reportaran alguna información al respecto.

Se opta por probar con el primer enlace, viendo posteriormente que uno de los consumibles aportados está especialmente recomendado para la soldadura de tuberías.

Clasificación

Los aceros de bajo carbono comprenden la denominación de aceros que contienen un porcentaje entre 0,08 hasta 0,25 - 0,30% en peso de carbono.

Son aceros blandos y dúctiles, adecuados para trabajar con ellos mediante métodos de deformación, corte, maquinado y soldadura.

Únicamente se endurecen por carburización o nitrado, ya que el porcentaje tan bajo de carbono no le afecta el proceso de templado.

Este tipo de aceros se utilizan principalmente en la fabricación de perfiles estructurales para la construcción, clavos, barras, tornillos, varillas, etc.

Este tipo de aceros tienen muy buena soldabilidad.

Seleccione a continuación el acero requerido:

- Aceros al carbono (<0,20%) no aleados o débilmente aleados: F-111
- Aceros al carbono (0,20% - 0,30%) no aleados o débilmente aleados: F-112

El acero F111 tiene buena tenacidad y poca resistencia, admite bien la soldadura y puede cementarse..

Se distribuye en todo tipo de perfiles.

Tiene una composición media:

C	Mn	Si	P	S	Cr	Ni	Mo	V	Otros
0,15	0,60	0,25	<0,035	<0,034					

Se puede soldar con cualquiera de los métodos tradicionales sin ningún problema, **seleccione a continuación en caso de que los conozca de antemano:**

- Soldadura con electrodo revestido (SMAW)
- Soldadura con electrodo no consumible y gas inerte (TIG)
- Soldadura con aporte continuo de hilo y gas protector (MIG-MAG)

Posteriormente se comprobará al seleccionar la soldadura SMAW que el tipo de consumibles son los recomendados para la soldadura de tuberías, tal como corresponde con los requerimientos de la empresa.

Efectivamente en la siguiente página, hay que escoger la opción indicada para soldadura de tuberías.

A continuación se presentan los siguientes métodos de selección por criterios de resistencia y uso, **escoja la opción que considere más representativa:**

Hasta 60 kpsi o 4136bar (Usos típicos de cerrajería, uniones de poca responsabilidad, tuberías de baja presión de agua y gas)

Hasta 70 kpsi 0 4763 bar (Cordón de raíz, únicamente corriente alterna y sencillez de uso. Soldaduras de cierta responsabilidad)

Hasta 70 kpsi o 4763 bar (Todo tipo de cordones, soldadores experimentados, únicamente corriente CC. Soldaduras de responsabilidad)

Hasta 70 kpsi o 4763 bar (Únicamente soldaduras en posición plano y cornisa)

Se escoge el electrodo E6013, válido para tuberías de baja presión. En caso de que se tratase de alta presión, podríamos utilizar la siguiente opción, hasta 70kpsi.

Finalmente, como se ha mencionado, el electrodo que corresponde con una resistencia de 60kpsi es el E6013. Se trata de un electrodo de rutilo, muy habitual. En esta pantalla se ofrecen datos técnicos tales como rangos de intensidad y posiciones de soldadura recomendados. Por otra parte, también se obtienen características mecánicas del depósito de soldadura, entre otras.

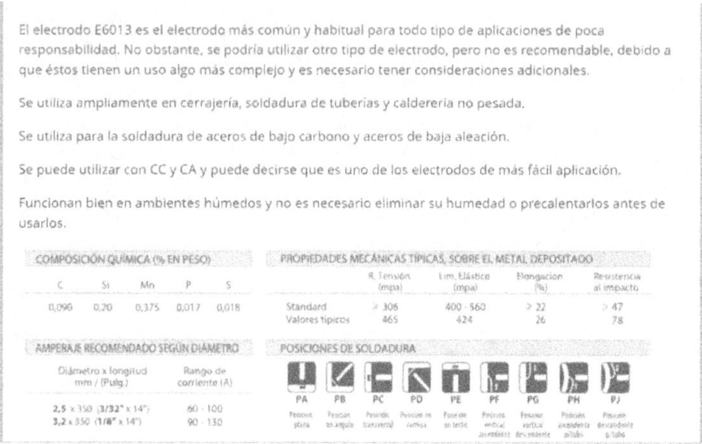

El electrodo E6013 es el electrodo más común y habitual para todo tipo de aplicaciones de poca responsabilidad. No obstante, se podría utilizar otro tipo de electrodo, pero no es recomendable, debido a que éstos tienen un uso algo más complejo y es necesario tener consideraciones adicionales.

Se utiliza ampliamente en cerrajería, soldadura de tuberías y calderería no pesada.

Se utiliza para la soldadura de aceros de bajo carbono y aceros de baja aleación.

Se puede utilizar con CC y CA y puede decirse que es uno de los electrodos de más fácil aplicación.

Funcionan bien en ambientes húmedos y no es necesario eliminar su humedad o precalentarlos antes de usarlos.

COMPOSICIÓN QUÍMICA (% EN PESO)

C	Si	Mn	P	S
0,090	0,20	0,375	0,017	0,018

PROPIEDADES MECÁNICAS TÍPICAS, SOBRE EL METAL DEPOSITADO

	R. Tensión (mpa)	Lim. Elástico (mpa)	Elongación (%)	Resistencia al impacto
Standard	≥ 306	400 - 560	≥ 22	> 47
Valores típicos	465	424	26	78

AMPERAJE RECOMENDADO SEGÚN DIÁMETRO

Diámetro x longitud mm / (Pulg.)	Rango de corriente (A)
2,5 x 350 (3/32" x 14")	60 - 100
3,2 x 350 (1/8" x 14")	90 - 130

POSICIONES DE SOLDADURA

Para la obtención de los consumibles adecuados para el otro proceso de la empresa, hay que seguir la misma línea.

Se desarrolla a continuación, evitando los repetir los pasos ya dados en el anterior proceso.

En la primera pantalla se accede a una serie de informaciones generales sobre los aceros inoxidables, particularmente la importancia de los elementos que los conforman y especialmente interesante la posibilidad de acceder a los distintos tipos. En el caso de la empresa se trata de acero inoxidable austenítico, se debe seleccionar.

Selección de aceros inoxidables

Los denominados aceros inoxidables son aleaciones de acero con un contenido de cromo superior al 10,5% en peso, hasta un máximo de 30%.

Típicamente los aceros inoxidables tienen porcentajes bajos de carbono y otros elementos en mayor medida para mejorar las propiedades del material.

El cromo proporciona resistencia a la corrosión ya que al contacto con el oxígeno, forma una capa de óxido de cromo, que funciona como capa pasiva.

Dentro de los aceros al cromo, tenemos los siguientes tipos:

Austeníticos   Ferríticos   Martensíticos   Dúplex-Super Dúplex

Estructura y propiedades: Estructura BTC, la estructura martensítica se forma cuando los aceros se enfrían rápidamente desde la fase austenítica. Esta estructura cristalina es muy dura y resistente.

Este tipo de aceros inoxidables son magnéticos, al igual que los ferríticos.

Se obtiene el listado de aceros inoxidables austeníticos. En este caso, debido a la variedad, es necesario consultar a la empresa sobre la aleación concreta. Interpretaremos para este caso, el 316L dada su versatilidad.

Para acceder a los distintos tipos de aceros inoxidables austeníticos utilice el siguiente enlace

Se trata aceros resistentes a la corrosión con una gran versatilidad.

4. Aplicaciones: Debido a su resistencia a la corrosión se utilizan frecuentemente en la industria alimentaria, la industria médica, debido a su facilidad de limpieza y esterilización, en la industria de la construcción, industria automovilística, industria química, petroquímica, industria de la energía, el

El acero 316L no requiere precalentamiento ni post-enfriamiento, antes y después de la soldadura, respectivamente.

Se han seleccionado los consumibles recomendados para los tipos comunes de soldadura. Para acceder a los consumibles, seleccione el tipo de soldadura a continuación:

SMAW (316L)

MIG-MAG (316L)

TIG (ER316L)

Naturalmente, se selecciona el método TIG, ya que es el que se obtuvo con el diagrama de flujo.

Varilla TIG para la soldadura de aceros inoxidables 316 y 316L

Propiedades y características:

Varillas para la soldadura de los aceros inoxidables 316 y 316L.

Los cordones de soldadura tienen una excelente resistencia a la corrosión intergranular, causada por la precipitación de carburos.

Composición química:

C	Si	Mn	Cr	Ni	Mo
0,02	0,36	1,70	19,88	12,36	2,28

Aplicaciones:

Adecuado para la soldadura de aceros inoxidables 316, 316L y 318 que pueden exponerse a agua salada, ácidos orgánicos e inorgánicos y sustancias corrosivas.

Conclusión del proceso:

Como se puede comprobar, únicamente se trata de seguir los pasos, para ir navegando por un proceso en el que cada pantalla muestra información cada vez más concreta, hasta finalizar obteniendo los consumibles recomendados.

De esta forma es posible conseguir una recomendación guiada única y exclusivamente por los propios criterios de la empresa. Tal y como se ha puesto de manifiesto, se han concretado los métodos adecuados de soldadura y sus consumibles recomendados de manera sencilla.

Seguir estos pasos de manera independiente lleva menos de 5 o 10 minutos para la mayoría de materiales férricos. En caso de haber realizado búsquedas en internet, es altamente probable que para el mismo proceso requiera varias horas de búsquedas en distintas páginas.

—

CAPÍTULO 11

Conclusiones

Este manual no solo representa la culminación de años de estudio y experiencia laboral, sino que también es un testimonio de mi pasión y compromiso con el mundo de la soldadura.

Siendo soldador y profesor en el mismo ámbito, he buscado enlazar la teoría con la práctica, ofreciendo una perspectiva enriquecedora para cualquier lector, ya sea un profesional o un simple interesado en este mundo.

El diseño de la aplicación web y su integración con el presente documento constituyen una herramienta integral para abordar con éxito los conocimientos del mundo de la soldadura. El uso conjunto de estas herramientas, junto con los vídeos didácticos permiten una experiencia centrada en el usuario.

Se han abordado los métodos de soldadura más comunes, junto con su aplicación práctica para metales férricos, proporcionando no solamente una base teórica, sino también consejos prácticos, y técnicas fundamentadas en la práctica del oficio de forma directa.

Deseo que este documento, junto todos sus recursos interactivos asociados sirvan como un punto de referencia, así como una herramienta valiosa en el ámbito de la soldadura.

Mis agradecimientos para todos aquellos que me prestaron su ayuda desinteresadamente, así como su apoyo durante todos estos años, así como para todo aquel que tuviera a bien la lectura de este trabajo.

BIBLIOGRAFÍA

(1) Cómo el hierro forjó la Historia. 2020; Available at: https://www.lavanguardia.com/historiayvida/historia-antigua/20201017/33854/como-hierro-forjo-historia.html. Accessed Aug 14, 2023.

(2) Usos del hierro (arrabio). Los aceros son aleaciones de hierro. 2019 -05-05T18:57:36+00:00.

(3) Geographic N. Metales del cielo: cómo fue que los egipcios usaban materiales 'extraterrestres' para hacer armas. 2023 -05-29T00:00:08+00:00.

(4) La metalurgia en el antiguo Egipto. 2022; Available at: https://quimicafacil.net/notas-de-quimica/la-metalurgia-en-el-antiguo-egipto/. Accessed Aug 14, 2023.

(5) Los egipcios aprendieron a trabajar el hierro procedente de los meteoritos (National Geographic). 2013; Available at: https://historia.nationalgeographic.com.es/a/egipcios-aprendieron-a-trabajar-hierro-procedente-meteoritos_7559. Accessed Aug 14, 2023.

(6) Propiedades del hierro (Fe) National Geographic. 2022; Available at: https://www.nationalgeographic.com.es/ciencia/propiedades-hierro-fe_18218. Accessed Aug 13, 2023.

(7) Historia de la Soldadura de Acero. 2022; Available at: https://www.emoi.es/blog/historia-de-la-soldadura-de-acero. Accessed Nov 8, 2022.

(8) The white book of steel. : World Steel Association 2012.

(9) STEEL STEEL.

(10) Ramón Herrera JS, Villalba Zambrano RG. No title. Automatización de la soldadura de tubos mediante el proceso MIG/MAG. 2006.

(11) Moreno Piqueres J. Sistemas de soldadura automatizados. Automatización y control de una estación de soldadura en Ford 2020.

(12) AWS. Available at: https://awo.aws.org/online-courses/. Accessed Nov 8, 2022.

(13) Tabla de aceros (Utilizando series tipo F100).

(14) Catálogo de consumibles para soldadura OERLIKON. Available at: https://www.maher.es/wp-content/uploads/2021/07/OERLIKON-2016.pdf.

(15) Nomenclatura y Clasificación AWS de los aportes de soldadura. Available at: https://wryen.com/2021/05/16/nomenclatura-y-clasificacion-aws-de-los-aportes-de-soldadura/.

(16) Deere J. Soldadura, Fundamentos de Servicio. Primera Edición.

(17) Clasificación del acero. Available at: http://www.cursos.maximatec.com/downloads/CLASIFICACION_ACEROS.pdf.

(18) Aceros. https://www.google.com/search?q=diagrama+de+fases+aceros+aleados&sxsrf=ALiCzsZhgv19hJlPeCqZSaRxwpRPFvKIkA:1670927442400&source=lnms&tbm=isch&sa=X&ved=2ahUKEwjw85jlsfb7AhUR0oUKHXS-DPYQ_AUoAXoECAEQAw&biw=1401&bih=914&dpr=1#imgrc=u6xOTPpy0q7cPM&imgdii=zAzK1h-USJ1Q0M .

(19) Medina M. Resumen Metalurgia Física 1, segundo parcial.

---

https://apuntes.ccitba.org.ar/ver/30.16/831/Resumen_Met
alurgia_Fisica_I_-_Segundo_Parcial.pdf .

(20) Prontuario técnico sobre soldadura. Available at:
http://blog.jbonet.es/2019/11/06/prontuario-tecnico-
sobre-soldadura/.

(21) Soldadura MIG/TIG/MMA Procesos y Funcionamiento.
Available at: https://www.elek.cl/article/soldadura-mig-
tig-mma-procesos-y-funcionamiento.

(22) Estudio y Clasificación de los aceros. Available at:
https://ingemecanica.com/tutorialsemanal/tutorialn101.h
tml.

(23) Nomenclatura y clasificación AWS de los aportes de
soldadura. Available at:
https://wryen.com/2021/05/16/nomenclatura-y-
clasificacion-aws-de-los-aportes-de-soldadura/.

(24) Tema 4. Aleaciones Hierro-Carbono. Aceros y
fundiciones. Available at:
http://webdeptos.uma.es/qicm/Doc_docencia/Tema4_CM
.pdf.

(25) ¿Cuántos tipos de aceros al carbono existen? Available
at: https://www.ulmaforge.com/noticia/acero-al-carbono-
tipos-aplicaciones/.

(26) Influencia del carbono y de los elementos de aleación en
los aceros. Available at:
http://dualmetalurgia.com/metalurgia/elementos-de-
aleacion-y-defectos-cristalinos/influencia-del-carbono-y-
de-los-elementos-de-aleacion-en-los-aceros/.

(27) Bendix F. Alrededor del trabajo de los metales. :
Reverte.

(28) Rodriguez P. Manual de soldadura. : TECNIBOOK
EDICIONES; 2013.

(29) Molera Solá P. Soldadura industrial: clases y aplicaciones. : Marcombo; 2009.

(30) Rodriguez P. Manual de soldadura. : TECNIBOOK EDICIONES; 2013.

(31) Rodriguez P. Manual de soldadura. : TECNIBOOK EDICIONES; 2013.

(32) Pina C. Manual de soldadura por arco eléctrico: con electrodo recubierto (MMA). : Cano Pina; 2014.

(33) Reig Pérez MJ. Soldadura por arco eléctrico con electrodo revestido y sumergido. 2021.

(34) Molera Solá P. Soldadura industrial: clases y aplicaciones. : Marcombo; 1992.

(35) Giachino J, WEEKS WR. Técnica y práctica de la soldadura; Madrid. Ed Reverté SA 2007:1-2.

(36) Zarate Ordoño LG, Arriaga Segundo L. Procesos de soldadura. : Instituto Politécnico Nacional; 2008.

(37) Luana CL, Fabián QA, Samir ZE. Proceso y tipos de soldadura para materiales metálicos y termoplásticos. 2015.

(38) Flores CE. Soldadura al arco eléctrico SMAW. 2002.

(39) Consumibles de soldadura (Nipon Gases).

(40) Soldadura al arco eléctrico. Manual para elegir correctamente el gas de protección . Air Liquide-.

(41) Descripción general de cables con núcleo FCAW.

(42) ¿La soldadura por arco sumergido (SAW) es el proceso adecuado para usted? Available at: https://www.thefabricator.com/thefabricatorenespanol/article/arcwelding/-la-soldadura-por-arco-sumergido-saw-

es-el-proceso-adecuado-para-usted-. Accessed Oct 31, 2022.

(43) Elementos Químicos. 2009; Available at: //elementos.org.es/. Accessed Aug 13, 2023.

(44) Casas G, Arredondo P. Descubrimiento, orígenes y primer desarrollo del Acero.

(45) Historia y desarollo del acero.

(46) Jorge Javier Ibanez Monegro. Estudio de la soldadura en aceros austeníticos ; 2005.

(47) G DC. Los aceros inoxidables. : Grupinox-milano; 1999.

(48) Diagrama de fases hierro y carbono. Available at: https://diagramaweb.com/hierro-carbono/.

(49) Acero_aleado.

(50) Aceromafe R. Aceros aleados: propiedades y clasificación. 2022 -01-27T06:00:51+00:00.

(51) Acero_aleado.

(52) Aceromafe R. Aceros para herramientas y sus ventajas. 2022 -05-17T09:00:59+00:00.

(53) Acero para herramientas de construcción: tipos y usos a considerar. 2021 -04-27T22:43:41+00:00.

(54) Acero para herramientas de construcción: tipos y usos a considerar. 2021 -04-27T22:43:41+00:00.

(55) Tabla de aceros para herramientas de Thyssenkrupp.

(56) Böler. Welding in Tool Making (A guideline for weldin of cold work steels, hot work steels, high speed steels, plastic mould steels including PM steels.

(57) DE TROQUELADO GPEC, TOMO I. ACEROS PARA PIEZAS Y HERRAMIENTAS DE CORTE.

(58) Stainless Steels Welding Guide. Lincoln Electric .

(59) Reparación mediante soldadura de herramientas para trabajo en caliente. Available at: https://www.interempresas.net/Deformacion-y-chapa/Articulos/54891-Reparacion-mediante-soldadura-de-herramientas-para-trabajo-en-caliente.html. Accessed Apr 30, 2023.

(60) Catálogo WEST-ARCO Herramientas industriales. Available at: https://www.herramientasindustrialesas.com/assets/west-arco/pdf/west-arco.pdf.

(61) González Arias, Eddy Alejandro. Comportamiento microestructural de la soldadura para insertos de plaquitas de cuchillas soldadas. Available at: http://ninive.ismm.edu.cu/handle/123456789/2318.

(62) García N, Gasco P, Miguel JM. Hilos tubulares de acero inoxidable para soldadura. Available at: https://www.interempresas.net/Deformacion-y-chapa/Articulos/69920-Hilos-tubulares-de-acero-inoxidable-para-soldadura.html.

(63) Torres Medina PP. Soldabilidad del acero inoxidable austenítico (AISI 321H).

(64) Cortés p. Ramón, Villanueva. Jaime, Ponce. Ernesto, Rojas. Manuel, Rojas. Eduardo. Estudio de la soldabilidad y corrosión del acero inoxidable AISI 904L con los agentes utilizados en la lixiviación del cobre. Revista Facultad de Ingeniería, U.T.A (Chile), VOL 12, N°2, 2004 .

(65) Camargo-Suarez E, Bohórquez-Espinosa L, Sánchez-Alarcón MK. Influencia de la soldabilidad de un acero inoxidable austenitico. Revista Científica 2018 /09/01;33(3).

(66) Cifuentes LP. Soldabilidad de Aceros Inoxidables.

(67) Consumibles para la soldadura por arco sumergido (Hobart). Available at: https://www.codinter.com/catalogs/hobart_subarc_SPA.pdf.

(68) Aracil M. Soldadura y corte de los aceros inoxidables.

(69) Herrera A. Proceso GTAW. Available at: http://soldadurayestructuras.com/proceso-gtaw.html.

(70) Soluciones de soldadura para electrodomésticos - Branson | Emerson ES. Available at: https://www.emerson.com/es-es/automation/precision-welding-cleaning/branson/welding-solutions-for-appliances. Accessed Oct 31, 2022.

(71) Acero inoxidable martensítico.

(72) Acuña Rivera. Marcela Estefanía. Estudio de la soldabilidad del acero inoxidable martensítico AISI 420; 2013.

(73) Directrices prácticas para la fabricación de los aceros inoxidables dúplex. International Molybdenum Association (IMOA) .

(74) R. Gregoruttia , J.E. Graua , J. Desimonib , C.I. El. CARACTERIZACIÓN DEL ACERO INOXIDABLE DÚPLEX PARA SU POSIBLE USO COMO BIOMATERIAL. 2011 "".

(75) The American Society of Mechanical Engineers - ASME. Available at: https://www.asme.org/. Accessed Nov 7, 2022.

(76) American National Standards Institute - ANSI Home. Available at: https://www.ansi.org/. Accessed Nov 7, 2022.

(77) Castillo Rodríguez F. Lecturas de Ingeniería 3. Hierros fundidos. . https://www.studocu.com/es-mx/document/universidad-autonoma-del-estado-de-mexico/ciencia-de-materiales/hierro-fundido-buenos-apuntes/32055490.

(78) Fundiciones . 2017; Available at: https://slideplayer.es/slide/13716491/.

(79) Proyecto de Innovación Atlas Metalográfico.

(80) Soldadura de materiales. ¿Cómo soldar hierro fundido? Available at: https://www.materialwelding.com/como-soldar-hierro-fundido/.

(81) Luddey, José. Zapata, Alberto. Mesa, Dairo. Recuperación y Soldabilidad de Piezas de Fundición. Scientia et Technica Año XIII, No 37, Diciembre de 2007. Universidad Tecnológica de Pereira. 2007 "".

(82) Estudio y clasificación de las fundiciones. . Available at: https://ingemecanica.com/tutorialsemanal/tutorialn108.html.

(83) Estudio y ensayo de materiales. Fundición gris. . Available at: https://estudioyensayo.files.wordpress.com/2008/11/fundicion-gris.pdf.

(84) La soldadura de hierro fundido: una tarea de alta precisión. 2021 -07-29T09:13:25+00:00.

(85) A. Suárez Sanabria, J. Fernández Carrasquilla. Microestructura y propiedades mecánicas de una fundición esferoidal ferrítica en bruto de colada para su uso en piezas de grandes dimensiones. Revista de metalurgia .

(86) Fundiciones maleables – Prácticas metalográficas.

---

(87) ¿Qué es eXeLearning? | Tutorial manual de eXeLearning.net. El nuevo eXeLearning. Available at: https://exelearning.net/html_manual/exe_es/qu_es_exelearning.html. Accessed Aug 17, 2023.

TABLAS